Colouring Book

The United Nations

in our daily lives

Album de coloriage

L'Organisation des Nations Unies

dans la vie de tous les jours

The original concept for this
publication was developed by
Jean-Michel Jakobowicz

Illustrations by Martin Guhl
Layout by Pierre Jourdan

Colouring book - The United Nations in
Our Daily Lives
Sales No. GV.E/F.99.0.9

ISBN 92-1-000134-6

Published by the United Nations
Geneva

Information about the
United Nations is available
on the World Wide Web at
http://www.un.org

For further information on
this publication, please contact
the Sales and Marketing Section
at +41 (0)22 917 48 72

A Foreword by Mrs. Nane Annan

The United Nations was born out of a dream to create a better world. My husband often quotes an African proverb which, I think, beautifully expresses our responsibility to you, our children, and to the world you will inherit. "The earth does not belong to us; it is a treasure we hold in trust for future generations." So what could be more important than explaining to you why the United Nations was created and how, each day, the United Nations helps children and grown-ups all over the world to "live better lives, in safety and in dignity." The United Nations works for peace and for the poor throughout the world. I hope this colouring book will help you to better understand the work of your United Nations.

The United Nations
in our daily lives

L'idée originale de cette
publication a été développée
par Jean-Michel Jakobowicz

Illustrations par Martin Guhl
Mise en pages par Pierre Jourdan

Album de coloriage - L'Organisation des
Nations Unies dans la vie de tous les jours
Numéro de vente: GV.E/F.99.0.9

ISBN 92-1-000134-6

Publié par les Nations Unies
Genève

Tous renseignements concernant
les Nations Unies sont disponibles
sur Internet à la page d'accueil
http://www.un.org

Pour plus de renseignements
sur cette publication, veuillez contacter
le bureau des ventes et commercialisation
au numéro: +41 (0)22 917 48 72

Préface de Mme Nane Annan

L'Organisation des Nations Unies est née du rêve de créer un monde meilleur. Mon mari cite souvent un proverbe africain qui, il me semble, exprime magnifiquement la responsabilité que nous avons vis-à-vis de vous, nos enfants, et du monde que nous vous léguerons : « La terre ne nous appartient pas ; c'est un trésor dont nous sommes les gérants pour les générations futures. » Dans ces conditions que peut-il y avoir de plus important que de vous expliquer pourquoi l'Organisation des Nations Unies a été créée, et comment chaque jour elle aide les enfants et les adultes du monde entier à « vivre une vie meilleure, en sécurité et en toute dignité ». L'Organisation des Nations Unies travaille pour la paix et pour les pauvres aux quatre coins du monde. J'espère que cet album de coloriage vous aidera à mieux comprendre le travail de votre Organisation des Nations Unies.

L'Organisation des Nations Unies

dans la vie de tous les jours

The United Nations
in our daily lives

Hello! My name's Birdie, and you, what's your name ?

My name is ______________________

There are a thousand ways of helping others. Each one of us, in our own special way, does so every day. Men and women from across the planet have even made it their job.

Some try to stop wars from breaking out. Some help sick people get better. Others feed poor children; yet others help build bridges. All these people work for a big family: the United Nations (UN).

Follow me, we're going on a long trip. I'll show you some of the many things these people do for you or your friends across the world.

Climb onto my back, hold on tight and don't forget your crayons! Don't lose track of me. See if you can spot me in every picture.

Bonjour, je m'appelle l'Oiseau et toi, comment t'appelles-tu ?
Moi je m'appelle ________________________________

Il y a mille façons d'aider les autres. Chacun à notre manière, nous le faisons tous les jours.
Il existe dans le monde des femmes et des hommes qui en font leur métier. Certains d'entre eux essaient d'éviter que les gens se battent, d'autres protègent ta santé ou donnent à manger aux enfants les plus pauvres, d'autres encore aident à construire des ponts. Tous ces gens travaillent pour une grande famille, celle de l'Organisation des Nations Unies, l'ONU.
Suis-moi, nous allons faire un long voyage. Je te ferai découvrir quelques-unes des nombreuses choses que ces gens font pour toi, pour ta petite voisine ou ton petit voisin à l'autre bout du monde.
Grimpe sur mon dos et tiens-toi bien ! Surtout ne me perds pas, essaie de me retrouver dans chacune des images et n'oublie pas tes crayons de couleur !

L'Organisation des Nations Unies
dans la vie de tous les jours

Do you see the soldiers in the middle of the battlefield? Yes, those that aren't fighting. They are UN blue helmets. They come from all over the world to separate people who are fighting each other. They also try to make people live in peace and they help victims of war.

Tu vois ces militaires au milieu du champ de bataille qui ne se battent pas ? Ce sont les Casques bleus de l'ONU qui viennent des quatre coins du monde pour séparer les combattants. Pour essayer de les faire vivre en paix, mais aussi pour aider les victimes de la guerre.

The fisherman in his small boat still finds fish close to his home thanks to laws made by the United Nations to safeguard the fish along the coast. The United Nations makes a lot of rules and laws that must be respected by all the countries in the world.

Droit international **ONU**

Le pêcheur sur son petit bateau trouve encore du poisson tout près de chez lui parce qu'il y a des lois faites par l'ONU qui protègent les ressources en poissons le long des côtes. L'ONU fait ainsi beaucoup de règlements et de lois que tous les pays du monde sont obligés de respecter.

Some children are forced to work or prevented from going to school or are abused. The United Nations does all it can to protect them. It upholds and promotes human rights wherever they are under threat.

Dans le monde, il y a des enfants qui sont obligés de travailler, qui ne peuvent pas aller à l'école ou qui sont battus. L'ONU fait tout ce qu'elle peut pour les protéger. Plus généralement, elle défend les droits de l'homme partout où ils sont menacés.

The Ⓔ in the little circle that you see on the windscreen of your parents' car, is the guarantee that you are safe. Even the car seat of your baby brother has this sign. The United Nations Economic Commission for Europe is the organization that has prepared these rules to protect your safety and that of your family.

Le Ⓔ dans un petit rond que tu vois sur le pare-brise de la voiture de tes parents, c'est la garantie que tu es en sécurité. Même le siège de ton petit frère a un Ⓔ dans un rond. C'est la Commission économique pour l'Europe de l'ONU qui a préparé ces règlements et qui veille sur ta sécurité et celle de ta famille.

Children need special protection, particularly in poor countries. UNICEF takes care of children's health, as well as their food and education. UNICEF also helps their mothers.

Les enfants ont besoin d'être protégés quand ils sont petits, surtout dans les pays pauvres. L 'UNICEF prend soin de la santé de ces enfants, de leur nourriture et de leur éducation. L'UNICEF aide aussi les mamans des petits enfants.

United Nations
Conference on Trade
and Development

Life on a small island can be tough. You have to work hard to grow crops or make products. Then you have to ship your products to sell them. UNCTAD helps islanders to find buyers for their products all over the world.

Conference des Nations
Unies sur le commerce
et le développement

CNUCED

Dans les petites îles, la vie est bien souvent très dure. Il faut travailler beaucoup pour produire quelque chose. Après, il faut mettre ces produits dans un bateau pour aller les vendre ailleurs. La CNUCED aide les habitants de ces pays à trouver des acheteurs un peu partout dans le monde.

UNDP

United Nations
Development
Programme

Do you see the small canals in these fields? They're irrigation channels. The farmers build dams to retain rainwater. Then the channels carry the water to the fields. UNDP gives the farmers advice and money so that they can help themselves.

Tu vois tous les petits canaux dans ces champs, c'est ce qu'on appelle l'irrigation. Les paysans font des barrages pour retenir l'eau de pluie et ensuite construisent des canaux pour amener l'eau jusque dans les champs. Le PNUD leur donne des conseils et de l'argent pour les aider.

Every day many animal and plant species are wiped out because people are building more roads and factories. Not since the extinction of the dinosaur have species disappeared as rapidly as today. Fortunately, UNEP protects endangered animals and plants, and our environment in general.

Chaque jour de nombreuses espèces animales et végétales disparaissent de la planète parce que l'homme construit des routes ou des usines. Depuis la disparition des dinosaures, il n'y a jamais eu autant de disparitions que de nos jours. Heureusement, le PNUE se bat sans cesse pour protéger les animaux et, plus généralement, pour protéger notre environnement.

United Nations
Population
Fund

The woman in the white coat is a midwife. She gives advice to the pregnant women of this village to make sure they and their babies are in good health. She works for the United Nations Population Fund.

Cette personne en blanc, c'est une sage-femme. Elle donne des conseils aux femmes enceintes de ce village pour que la maman et le futur bébé soient en bonne santé. Elle travaille pour le Fonds des Nations Unies pour la population.

ODCCP

Office of
Drug Control and
Crime Prevention

Do you see the dog sniffing those suitcases? It's helping the customs officers and policemen to find drugs. With its help, many drug smugglers are arrested every year. ODCCP helps all the countries of the world to eradicate drugs.

Office des Nations Unies pour le
contrôle des drogues et la
prévention du crime

Tu vois ce chien qui renifle ces valises, il aide les douaniers et les policiers à trouver de la drogue. Grâce à eux, de nombreux trafiquants peuvent être arrêtés. L'OCDPC aide tous les pays du monde à lutter contre la drogue.

When a war breaks out or a natural disaster strikes, these trucks, boats and planes of the World Food Programme bring food to the victims.

Quand il y a la guerre ou des catastrophes naturelles, ces camions, ces bateaux et ces avions du Programme alimentaire mondial apportent à manger aux gens qui ont faim.

In many countries, women are still paid less than men even if they do the same work. ILO wants to ensure that women and men receive equal pay for equal work. More generally, ILO defends the rights of workers worldwide.

Organisation internationale du Travail

OIT

Dans bien des pays, pour un même travail les femmes gagnent moins d'argent que les hommes. L'OIT se bat pour que les hommes et les femmes aient, à travail égal, un salaire égal. Plus généralement, l'OIT protège tous ceux qui travaillent.

UNHCR United Nations High Commissioner for Refugees

Do you see these women, men and children? They were forced to flee their homes because of the war. UNHCR protects them. It gives them food and shelter and, whenever possible, helps them to return to their own country.

Tu vois ces femmes, ces hommes et ces enfants, ils ont été chassés de leur maison par la guerre. Le HCR les protège. Il les aide à se loger, à se nourrir et, quand c'est possible, à retourner chez eux dans leur pays.

UNRWA

United Nations Relief and
Works Agency for Palestine
Refugees in the Near East

These children are all Palestinian refugees. UNRWA watches over their health, their education and their well-being, as well as over those of their parents.

Office de secours et de travaux des Nations Unies pour les réfugiés de Palestine dans le Proche-Orient

Tous ces enfants sont des réfugiés palestiniens. L'UNRWA veille sur leur santé, leur éducation et leur bien-être, ainsi que sur ceux de leurs parents.

This farmer is harvesting millet. His crops used to be poor. Men and women working for FAO came to show him how he could increase his harvest with better seeds and better techniques. Now, he has enough millet to feed his entire family.

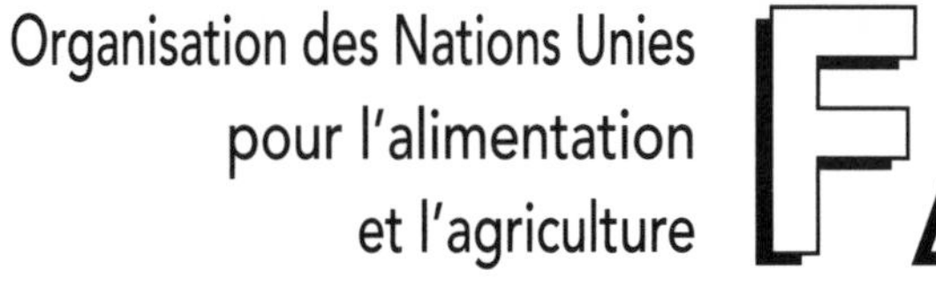

Ce paysan récolte du millet! Avant, ses récoltes étaient mauvaises. Des personnes de la FAO sont venues et lui ont expliqué comment mieux cultiver ses champs avec de meilleures semences. Maintenant, il a du millet pour nourrir toute sa famille.

UNESCO United Nations Educational, Scientific and Cultural Organization

The Great Wall of China was built a very, very long time ago. UNESCO helps Governments protect the most beautiful monuments in the world. It also combats illiteracy and works to enable children the world over to go to school.

Organisation des Nations Unies pour l'éducation, la science et la culture

UNESCO

La grande muraille de Chine existe depuis très, très longtemps. L'UNESCO aide les gouvernements à protéger les plus beaux monuments du monde. L'UNESCO lutte aussi contre l'analphabétisme et pour que les enfants du monde entier puissent aller à l'école.

Taking a plane is one of the safest ways to travel. Thanks to the International Civil Aviation Organization planes are well built, the skies are free from danger and pilots are well trained.

Organisation de
l'aviation civile
internationale

L'avion, c'est le moyen le plus sûr de voyager. Grâce à l'Organisation de l'aviation civile internationale, les avions sont bien construits, les routes dans le ciel sont sans danger et les pilotes bien entraînés.

This woman is a doctor. She helps little children and their parents get better, wherever they may be. She tries to find medicine for the poor. When a new illness appears, she contacts doctors all over the world to find a cure. She works for the World Health Organization.

Cette dame est un médecin. Elle soigne les petits enfants et leurs parents aussi. Elle essaie de trouver des médicaments pour les plus pauvres. Quand une nouvelle maladie apparaît, elle contacte tous les médecins de la planète pour trouver un remède. Elle travaille pour l'Organisation mondiale de la santé.

WORLD BANK

This man's building a bridge with his crane. But since his country is poor, it has borrowed money from the World Bank to fund these works. This Bank is big, really big, and it gives or lends money to countries that need schools, hospitals or even factories, but don't have enough money to build them.

BANQUE MONDIALE

Cet homme avec sa grue construit un pont. Mais comme son pays est très pauvre, la Banque mondiale a prêté de l'argent à son pays pour faire ces travaux. La Banque mondiale est une très, très grande banque qui donne ou prête de l'argent aux pays qui ont besoin de construire des écoles, des hôpitaux et même des usines, mais qui n'ont pas d'argent.

Your bike comes from very far. Your mother bought it with money from your country. With the help of the International Monetary Fund, which tries to keep exchange rates stable, the manufacturer will be able to exchange it against money from his country.

Ton vélo vient de très loin. Ta maman l'a payé avec l'argent de ton pays. Grâce au Fonds monétaire international qui essaie de stabiliser les taux de change, le fabricant de vélo pourra échanger cet argent contre la monnaie de son pays.

Have you ever wondered how letters and postcards travel? Well, all the postmen in the world work together to make your post travel by air, road or sea and reach its destination. The Universal Postal Union helps the postmen and post offices in every country.

Tu t'es souvent demandé comment voyageaient les lettres et les cartes postales. Eh bien, ce sont les facteurs du monde entier qui, sur terre, sur mer et dans les airs, se relaient pour faire voyager ton courrier. L'Union postale universelle aide les facteurs et les postes de tous les pays.

International
Telecommunication
Union

More and more people in the world have telephones. To make sure their conversations don't get all mixed up, ITU manages international radio frequencies. This helps everyone to communicate better.

De plus en plus de gens dans le monde ont des téléphones. Pour que leurs conversations ne se mélangent pas, l'UIT gère les fréquences radio au niveau international. Elle aide les gens du monde entier à mieux communiquer ensemble.

Every day, you can watch the weather forecast on television. WMO facilitates the transmission and analysis of all the meteorological data between countries. This information is provided by satellites, planes, boats, stations on the ground and radars.

Tous les jours, tu peux voir à la télé le temps qu'il va faire dans de nombreux pays. L'OMM facilite la transmission et l'analyse de toutes les données météorologiques au niveau mondial. Ces données sont fournies par des satellites, des avions, des bateaux, des stations terrestres et des radars.

There are more and more large ships on the seas and oceans. The International Maritime Organization has been working for many years to improve safety at sea. It also combats the pollution of seas and oceans.

Il y a de plus en plus de gros bateaux sur la mer et les océans. L'Organisation maritime internationale travaille depuis des années pour améliorer la sécurité en mer. Elle lutte aussi contre la pollution des mers et des océans.

If you invent a wonderful machine, the patent is what protects your invention and prevents people from stealing it. WIPO protects the inventors and their inventions from imitations worldwide.

Si tu inventes une machine formidable, le brevet va protéger ton invention. Personne ne pourra te la voler. L'OMPI protège les inventeurs et leurs inventions contre les imitateurs partout dans le monde.

IFAD International Fund for Agricultural Development

Life in the countryside can be very difficult. In some countries, farmers don't even have enough money to buy tools to grow crops. The International Fund for Agricultural Development lends money to these farmers so that they can buy tools and seeds.

La vie à la campagne est très difficile. Dans certains pays, les paysans n'ont même pas de quoi acheter des outils pour cultiver leur champ. Le Fonds international de développement agricole leur prête de l'argent pour qu'ils puissent acheter des outils et des semences.

It is not easy to make such beautiful ponchos. They are made by women from the village. A few years ago, they would work for days to weave one poncho. Today, with the help of UNIDO, the women earn more because they are better equipped and use better techniques.

Faire d'aussi beaux ponchos n'est pas facile. Ils sont faits par les femmes du village. Il y a encore quelques années, elles travaillaient des jours et des jours pour tisser un seul poncho. Aujourd'hui, grâce à l'ONUDI, les femmes du village gagnent plus d'argent parce qu'elles ont de meilleurs outils et ont amélioré leur technique.

Many countries have agreed not to build nuclear weapons. The International Atomic Energy Agency inspectors travel across the planet to check whether these countries are keeping their promises.

Agence internationale de l'énergie atomique **AIEA**

De nombreux pays ont décidé de ne plus construire d'armes nucléaires. Les inspecteurs de l'Agence internationale de l'énergie atomique parcourent le monde entier pour s'assurer que ces pays tiennent leur promesse.

Sales No. GV.E/F.99.0.9
ISBN 92-1-000134-6
Published by the United Nations